ACTE I, SCENE XII.

LE MARI A LA VILLE

ET

LA FEMME A LA CAMPAGNE,

COMÉDIE-VAUDEVILLE EN DEUX ACTES,

Par M. Varin,

REPRÉSENTÉE POUR LA PREMIÈRE FOIS, A PARIS, SUR LE THÉATRE DU VAUDEVILLE, LE 3 AOUT 1837.

PERSONNAGES.	ACTEURS.	PERSONNAGES.	ACTEURS.
LAMBERTI.	M. LAFONT.	ÉMILE. frère de Mme Delbois.	M. ÉMILE TAIGNY.
Mme DELBOIS, jeune veuve. .	Mlle H. BALTHASARD.	ISAURE, cousine de Mme Juvigny.	Mme ÉMILE TAIGNY.
Mme JUVIGNY, son amie. . .	Mlle L. MAYER.	JOSEPH, domestique de Mme	
DAUBONNE, vieux rentier . .	M. LEPEINTRE jeune.	Delbois.	M. LUDOVIC.

La scène se passe, au premier acte, à Paris, chez Mme Delbois. Au deuxième acte, à Auteuil, chez Mme Juvigny.

NOTA. Toutes les indications sont prises de droite et de gauche du public.

ACTE PREMIER.

Le théâtre représente un salon octogone. Trois portes d'entrée au fond. A droite, au premier plan, une autre porte; au premier plan, à gauche, une petite porte secrète, devant laquelle est placé un paravent, chaises, fauteuils, etc.

SCENE PREMIERE.

JOSEPH, EMILE, *puis* LAMBERTI.

Au lever du rideau, Joseph range des fauteuils.

ÉMILE, *entrant avec précaution dans le fond.* Joseph !

JOSEPH. Ah! c'est vous, monsieur Émile?

ÉMILE. Où est ma sœur?

JOSEPH. Dans son appartement; elle achève sa toilette.

ÉMILE. C'est bon!

JOSEPH. Je vais la prévenir...

ÉMILE. Du tout, garde-t'en bien, je m'en charge.

JOSEPH. Ça suffit, monsieur. (*A part.*) C'est égal, madame était si inquiète..... je ne ferai pas mal de l'avertir.

Il sort à gauche.

ÉMILE, *au fond, appelant.* Lamberti..... vous pouvez entrer.

LAMBERTI, *avec précaution, du fond.* Es-tu seul?

ÉMILE. Oui... personne.

LAMBERTI. Je tremblais de rencontrer Mme Delbois, ton aimable sœur.

ÉMILE. Et moi donc! voilà trois jours que je ne suis rentré à la maison.

LAMBERTI. Si elle savait que je ne t'ai pas quitté!...

ÉMILE. Sans doute... elle qui vous croit mon Mentor.... cette pauvre sœur.... elle est si bonne!...

LAMBERTI. C'est un ange!

ÉMILE. Depuis son veuvage nous habitons ensemble... sans autres parens... nous sommes tout l'un pour l'autre.

LAMBERTI. Et tu peux rester trois jours sans la voir... tu es impardonnable.

ÉMILE. Mais c'est toujours vous qui m'entraînez.

LAMBERTI. Résiste-moi, mon cher... il faut me résister.

ÉMILE. Ce soir encore, vous m'avez conduit dans une maison où l'on joue.

LAMBERTI. C'est pour t'apprendre à perdre... on ne s'instruit qu'à l'école du malheur.

ÉMILE. Alors, je devrais être bien savant, car je perds toujours, et je ne suis venu ici que pour chercher de l'argent.

LAMBERTI. De l'argent? Il fallait donc m'en demander.

ÉMILE. A quoi bon? il ne vous reste rien non plus.

LAMBERTI. C'est égal, nous aurions partagé.

ÉMILE. Oh! vous plaisantez toujours.

LAMBERTI. Voyons, dépêche-toi, et retournons au jeu.

ÉMILE. Eh bien! non! je vous résiste, puisque vous me l'avez conseillé.

LAMBERTI. Tu te révoltes? Songe donc que nous avons en bas un cabriolet à l'heure, un compteur.

ÉMILE. Ça m'est égal... je tiens à rassurer ma sœur.... et puis, s'il faut vous le dire, j'ai des remords, car nous menons une conduite... Savez-vous bien que vous êtes un peu mauvais sujet?

LAMBERTI. Que veux-tu?... l'homme passe ses jours entre la sottise et la folie... moi, je préfère la folie, c'est moins bête... et puis j'ai besoin de m'étourdir... de me jeter hors de moi-même.

ÉMILE. Et pourquoi ça?

LAMBERTI. Pourquoi? ne te l'ai-je pas dit? parce que j'aime ta sœur... parce que j'ai pour elle un penchant qui m'épouvante, et qu'elle désapprouvera, j'en suis sûr.

ÉMILE. Peut-être! moi j'ai idée que vous ne lui déplaisez pas.

LAMBERTI. Tu crois? je serais assez heureux? Eh bien! non! j'en serais désolé.

ÉMILE. Ma foi, je n'entends rien à ces finesses-là. Ma sœur est veuve, vous êtes garçon, et je ne sais pas ce qui vous empêcherait...

LAMBERTI. Ah! mon jeune ami, on voit bien que tu ne me connais pas encore... Me marier!.. moi!.. un peintre... un artiste... et le génie... que deviendrait le génie?

AIR : *J'en guette un petit,* etc.

Le ciel de ce noble apanage
N'a doté que le célibat;
Et c'est en vain qu'en entrant en ménage
On le ferait figurer au contrat.
Le génie en pareille affaire
Ressemble au bouquet virginal,
Qui, passé le jour nuptial,
N'est plus bon qu'à mettre sous verre.

Aussi, c'est décidé, jamais de mariage... ça ne m'arrivera plus.

ÉMILE. Comment? Est-ce que par hasard vous seriez veuf?

LAMBERTI. Du tout. Mais dans le temps j'ai été sur le point... une jeune personne qui m'avait séduit... On a des momens de faiblesse. Elle était si jeune!... un enfant qui ne pouvait me comprendre. Voilà pourquoi j'ai voyagé. Pendant deux ans j'ai parcouru l'Allemagne, la Suisse, l'Italie.... Des aventures charmantes, des attaques de brigands... J'ai même été tué dans les montagnes... des lettres particulières l'ont annoncé à mes amis... et les journaux en ont répandu le bruit dans toute l'Europe.

ÉMILE. Vous vous êtes empressé de le démentir?

LAMBERTI. Ma foi, non. C'était original. Ces mêmes journaux, qui me décriaient la veille, ont fait mon éloge le lendemain. Les journaux se suivent et ne se ressemblent pas. Feu Lamberti est devenu un grand homme... mes tableaux ont triplé de valeur, et j'ai joui de la postérité en bon vivant... sans compter les larmes que j'ai fait répandre. Il y a surtout, à Paris, deux yeux qui ont dû en verser des torrens.

ÉMILE. Ah! oui, cette dame dont vous me parliez?

LAMBERTI. Peut-être bien.

ÉMILE. Je me figure sa surprise en vous revoyant.. Comment vous a-t-elle reçu?

LAMBERTI. Je ne l'ai pas revue. De retour à Paris depuis six semaines, j'ai eu tant d'occupations!... Je me suis présenté chez ta sœur, pour laquelle j'avais une lettre, j'ai fait sa connaissance et la tienne, je suis devenu amoureux, je t'ai conduit partout pour te former et me distraire. Tu vois que je n'ai pas eu le temps; et puis j'ai idée que cette dame n'est plus à Paris. Je ne sais où elle est, parole d'honneur. Plus tard, je la retrouverai..... mais à présent que j'aime ta sœur, ça me jetterait dans une complication. Va! tu ne comprendras jamais les tourmens de mon cœur.

ÉMILE. Si fait! si fait! quand on est amoureux soi-même.

LAMBERTI. Vraiment?

ÉMILE. Je vous l'aurais dit plus tôt si je n'avais eu peur de vos railleries.

LAMBERTI. Quelle idée! au contraire! ça t'est permis... Tu te destines au barreau, à la magistrature, le mariage te va... il te va très-bien.

ÉMILE. Vous me le conseillez?

LAMBERTI. Parfaitement. Sois bon époux, rends ta femme heureuse; c'est une belle carrière à parcourir.

ÉMILE. Il n'y a qu'une difficulté, c'est qu'elles me plaisent toutes les deux.

LAMBERTI. Comment! elles sont deux?

ÉMILE. Oui, une veuve et une demoiselle.

LAMBERTI. A ton âge on les aime toutes. Mais je parie que tu préfères la veuve.

ÉMILE. C'est possible! une veuve toute jeune, c'est si intéressant!... Si vous saviez comme elle est jolie!...

LAMBERTI. Je n'en doute pas. Quelle heure est-il? et le cabriolet qui nous attend!...

ÉMILE. Qu'importe! laissez-moi vous parler.

LAMBERTI, *qui a examiné l'appartement.* Ah! ah! je n'avais pas remarqué ces apprêts, ces lumières. Ta sœur donnerait-elle une fête, une soirée?

ÉMILE. Je l'ignore... mais c'est possible.

LAMBERTI. Raison de plus pour nous en aller. Dans ces bals, on rencontre toujours une foule d'importuns...

ÉMILE. Mais j'y songe... si, par hasard, elles y étaient!...

LAMBERTI. Qui donc?

ÉMILE. Celles que j'aime. Mais non, elles n'y viendront pas. Elles habitent la campagne.

LAMBERTI. Il faut se décider. Viens ou je pars sans toi.

ÉMILE. Je voudrais au moins laisser un mot à ma sœur.

LAMBERTI. J'allais te le dire.

ÉMILE. Attendez-moi.

LAMBERTI. Va vite.

ÉMILE. Je reviens sur-le-champ.

Il sort par la première porte à droite.

SCENE II.

LAMBERTI, *puis* Mme DELBOIS.

LAMBERTI. C'est égal, je ne suis pas tranquille. Sa sœur n'aurait qu'à venir et m'interroger..... ma foi, je vais descendre et me blottir au fond du cabriolet. Il m'y retrouvera. (*Il va pour sortir.*) Dieu! la voici!

Mme DELBOIS, *entrant, à la cantonnade.* Sitôt que M. Daubonne viendra, dites-lui que je désire lui parler.

LAMBERTI, *à part.* Je suis pris.

Mme DELBOIS, *l'apercevant.* Monsieur Lamberti, que je suis heureuse de votre visite!... Savez-vous où est mon frère?

LAMBERTI, *jouant l'étonnement.* Votre frère, madame?

Mme DELBOIS. Joseph m'a prévenue de son retour.

LAMBERTI, *à part.* Bavard de Joseph! (*Haut.*) Oui, madame, Emile est ici, je vous le ramène.

Mme DELBOIS. Après trois jours d'inquiétude! Et puis-je savoir le motif d'une si longue absence?

LAMBERTI. Ah! le motif est peu de chose, très-peu de chose. Emile a d'excellentes qualités... mais il est jeune... il manque d'expérience. Ah! si, à son âge, j'avais eu le bonheur de posséder une sœur dont l'amitié tendre et prévoyante...

Mme DELBOIS. Je vous, en prie, monsieur, que lui est-il arrivé?

LAMBERTI. Rien, madame, presque rien, et, comme je lui disais encore tout-à-l'heure : « Dans ta position... je serais trop » heureux de suivre les conseils de ta » sœur. Il est si doux de se laisser guider » par une femme aimable et jolie... par » une femme qui réunit...

Mme DELBOIS. De grâce, parlez-moi de mon frère.

LAMBERTI, *à part*. Que diable lui dire ? (*Haut.*) Vous allez lui en vouloir à ce pauvre garçon...

Mme DELBOIS. C'est donc bien grave ?

LAMBERTI, *à part*. Rendons-le intéressant. (*Haut.*) Mais... non... l'événement le plus simple... un léger duel...

Mme DELBOIS. Il s'est battu ?

LAMBERTI. Et dans le premier moment, la crainte de vous tourmenter... je l'ai fait conduire chez moi.

Mme DELBOIS. Il a été blessé ?

LAMBERTI. Une égratignure... il n'y paraît plus.

Mme DELBOIS. Se battre ! exposer sa vie ! et pour des misères, j'en suis persuadée.

LAMBERTI. Je vous assure qu'à sa place vous en auriez fait autant... non... non... je veux dire qu'il était de son devoir..... une dame qu'il connaît et sur le compte de laquelle on s'exprimait...

Mme DELBOIS. Une dame ! serait-ce Mme Juvigny ?

LAMBERTI. Juvigny ! précisément. (*A part.*) Sans doute une de celles qu'il aime, ça ne peut que le servir.

Mme DELBOIS. C'est égal ! c'est bien mal ! depuis trois jours !... J'ai envoyé partout.... aujourd'hui encore j'ai prié quelqu'un d'aller aux informations... un ancien ami de la famille, M. Daubonne.

LAMBERTI. Je ne connais pas.

Mme DELBOIS. Il vous amusera. C'est un original galant, mystérieux.... d'ailleurs, excellent homme et qui nous est fort attaché.

LAMBERTI. Il ne saurait l'être plus que moi.

Mme DELBOIS. J'en suis persuadée. Aussi, je vous recommande mon frère. Depuis quelque temps il se dérange ; ne l'avez-vous pas remarqué ?

LAMBERTI.

Air *du Premier Prix.*

Je n'ose dire le contraire.

Mme DELBOIS.

Il n'est plus le même avec moi,
Sa conduite est moins régulière.

LAMBERTI.

Chaque jour je m'en aperçois.

Mme DELBOIS.

Il fréquente, je le soupçonne,
Mauvaise compagnie...

LAMBERTI.

Hélas !

Moi, je le sais mieux que personne,
Puisque je ne le quitte pas.

Mme DELBOIS. Je compte sur vous pour l'en détourner.

LAMBERTI. Je vous le promets..... Et maintenant..... que la paix est faite avec vous, permettez que j'aille le rejoindre... lui porter l'olivier.

Mme DELBOIS. Oui ! qu'il vienne tout de suite.

LAMBERTI, *à part*. Allons le mettre au courant de l'histoire.

SCENE III.

LAMBERTI, ÉMILE, Mme DELBOIS.

ÉMILE. Mon ami ! je suis à vous ! Ciel ! ma sœur !

LAMBERTI, *à part*. Est-il maladroit !

Mme DELBOIS. Enfin te voilà ! Je n'ai pas la force de te gronder.

ÉMILE. Ma bonne Hortense !

Mme DELBOIS. Je te trouve un peu pâle !... un peu défait !

LAMBERTI. C'est qu'il a eu la fièvre !

Mme DELBOIS. Souffrirais-tu encore de ta blessure ?

ÉMILE, *étonné*. Ma blessure ?

LAMBERTI, *lui faisant signe*. Oui, mon cher, malgré nos conventions.... il a bien fallu raconter à madame...

ÉMILE. C'est différent : puisque tu le sais, ma sœur... j'en conviens, un accident.... je suis tombé de cheval...

LAMBERTI, *à part*. La belle chute !

Mme DELBOIS. Comment ! tombé de cheval ?

LAMBERTI. Je te répète que le mystère est inutile... Madame connaît ta dispute... ton duel... les soins que je t'ai prodigués.

ÉMILE, *à part*. Je n'aurais jamais deviné cela.

Mme DELBOIS. Je t'en prie, mon frère, sois plus prudent... car s'il t'arrivait malheur !.... Mais je te revois, c'est l'essentiel..... J'espère, messieurs, que vous me resterez, j'ai du monde aujourd'hui...

ÉMILE. Oh ! c'est impossible.... on nous attend...

Mme DELBOIS. Où allez-vous donc ?

LAMBERTI. Nulle part, madame, je vous assure..... Votre invitation est trop flatteuse...

ÉMILE, *à part*. C'est lui qui accepte à présent...

SCENE IV.

DAUBONNE, Mme DELBOIS, LAMBERTI, ÉMILE.

DAUBONNE, *par le fond*. Belle dame ! souffrez que je vous fasse hommage...

Il lui offre un bouquet.

Mme DELBOIS, *l'acceptant*. Ah ! monsieur Daubonne !...

DAUBONNE, *la prenant à part*. Personne ne peut nous entendre..... Vous me voyez désolé..... point de nouvelles de votre frère !

Mme DELBOIS. Moi j'en ai, le voilà !

DAUBONNE. L'enfant prodigue est de retour.

Mme DELBOIS. Oui ! une aventure !... Je vous conterai cela..., Et ces dames?.... Etes-vous allé à Auteuil ?

DAUBONNE. J'en arrive... et je suis enfin parvenu à les décider.

ÉMILE. Quoi ! Mme Juvigny et Mlle Isaure...

DAUBONNE. Oui, Mme Juvigny va venir au bal avec sa jeune cousine... Charmante enfant qui a été bien joyeuse.

Mme DELBOIS. Eh bien ! mon frère ! veux-tu encore t'en aller ?

ÉMILE. Non, ma sœur, je reste... je vais passer un habit.

Mme DELBOIS. Monsieur Daubonne..... je vous présente M. Lamberti, un ami de mon frère, un peintre distingué.

DAUBONNE. En effet ! J'ai entendu citer quelquefois... C'est monsieur qui au dernier salon a exposé une Calypso ?

LAMBERTI. Non ! depuis quatre ans je n'ai rien exposé.

DAUBONNE. Votre Calypso était très-bien.... Il est vrai que j'aime ce genre-là.

LAMBERTI. Le genre Calypso ?

DAUBONNE. J'ai toujours adoré les nymphes.

LAMBERTI, *à part*. C'est un vieux satyre.

Mme DELBOIS.

Air : *le Cor de cette Fête.*

Abrégez votre absence,
Songez qu'on vous attend.

LAMBERTI.

Ici votre présence
Me ramène à l'instant.

ENSEMBLE.

Mme DELBOIS *et* DAUBONNE.

Abrégez votre absence,
Songez qu'on vous attend.
Bientôt le bal commence,
Ne soyez qu'un instant.

LAMBERTI *et* ÉMILE.

Abrégeons notre absence,
Puisque l'on nous attend.
En ces lieux l'espérance
Nous ramène à l'instant.

Ils sortent, Lamberti par le fond, Émile par la première porte à droite.

SCENE V.

DAUBONNE, Mme DELBOIS.

Mme DELBOIS. Causons maintenant, mon cher Daubonne !... Et d'abord je vous remercie de vos démarches..... surtout d'avoir déterminé Mme Juvigny... Et j'imagine que mon frère ne vous en aura pas moins de reconnaissance.

DAUBONNE. Votre frère ? Que voulez-vous dire ?

Mme DELBOIS. J'avais déjà remarqué son empressement.... et d'après ce qu'on vient de m'apprendre...

DAUBONNE. Quoi donc, madame ?

Mme DELBOIS. Il s'est battu pour elle.

DAUBONNE. Quelle imprudence ! Ainsi vous supposez...?

Mme DELBOIS. Qu'il l'aime !... c'est probable.

DAUBONNE. Il se pourrait !... Je serais assez malheureux !...

Mme DELBOIS. Qu'avez-vous donc ? Est-ce que par hasard ...?

DAUBONNE. Ah ! madame , il n'est que trop vrai !...

Mme DELBOIS. Je croyais que c'était à moi que vous faisiez la cour ?

DAUBONNE. Oui, autrefois.... mais vous m'avez désespéré si cruellement...

Mme DELBOIS. Monsieur Daubonne, vous êtes un volage !

DAUBONNE. Je ne m'en défends pas... Il est très-difficile de me fixer... Voilà pourquoi je suis resté si long-temps garçon..... Mais Mme Juvigny est si douce, si bienveillante ! Cette femme-là réalise tous mes rêves de bonheur !

Mme DELBOIS. Vraiment?

DAUBONNE. Et quant à monsieur votre frère, je supposerais plutôt qu'il est amoureux de Mlle Isaure, cette petite cousine que Mme Juvigny a fait venir de province dernièrement, et qui a pour M. Émile une préférence marquée.

Mme DELBOIS. C'est possible , et, puisqu'elles viennent ce soir, observons bien ces dames.... Il nous sera plus facile de nous assurer...

DAUBONNE. Tenez, je crois entendre..... Justement ce sont elles.

Mme Juvigny et Isaure entrent par la seconde porte à gauche.

SCENE VI.

DAUBONNE, Mme JUVIGNY, Mme DELBOIS, ISAURE.

ENSEMBLE.

AIR : *A ce soir, de la prudence.*

A la danse, à la folie,

Puisqu'en ces lieux on { nous / vous } convie,

Vous venez { près d'une amie,
Nous venons {

Jouir d'un double plaisir.

Mme DELBOIS.

A la danse, à la folie,

Puisqu'en ces lieux je vous convie,

Je vais donc près d'une amie

Jouir

D'un double plaisir.

Mme DELBOIS. Ah ! ma chère amie, que tu es aimable d'avoir accepté !...

Mme JUVIGNY. Ne m'en remercie pas..... je n'ai cédé qu'aux instances d'Isaure qui raffolle de la danse.

ISAURE. Il me semble, ma cousine, que vous ne la détestez pas non plus.

Mme JUVIGNY. Tu crois? Je ne dis pas non..... une fois que j'y suis..... Mais le monde me semble si triste....., si ennuyeux...

Mme DELBOIS. Oui, surtout pour une veuve !... A ta place, je me remarierais.

Mme JUVIGNY. C'est peut-être aussi ce que je ferais à la tienne.

Mme DELBOIS. Eh !... s'il ne faut que prêcher d'exemple... je n'en suis pas éloignée..... Et sauf la difficulté du choix.....

ISAURE. C'est donc bien difficile de choisir?

Mme DELBOIS. Sans doute ! M. Delbois, mon premier mari, était négociant, et je vous avoue que le commerce... je voudrais un état plus original, plus poétique.

DAUBONNE. Un rentier, par exemple !...

ISAURE. Moi, je prendrais un avocat.

Mme DELBOIS. Que pensez-vous d'un artiste?

Mme JUVIGNY. Un artiste! Ah ! ma chère Hortense, je ne te souhaite pas un pareil malheur...

Mme DELBOIS. Un malheur! Il me semblait, au contraire, que les artistes...

Mme JUVIGNY. Détrompe-toi.... Ce sont bien les maris les plus maussades... Légers par caractère, capricieux par système..... ces messieurs dédaignent le bonheur pour courir après une renommée qui les trompe toujours..... Ils prétendent que le mariage n'est pas artistique... qu'il flétrit l'imagination..... enchaîne les facultés, et

qu'enfin la gloire est une maîtresse qui ne souffre aucune rivale..... si ce n'est peut-être la fortune...

DAUBONNE. Ces gens-là ne savent pas aimer.

Mme JUVIGNY. Je pourrais, entre autres, vous citer un exemple..... Une de mes amies, dont le sort est un avertissement... mariée en province, à un artiste, elle vint à Paris, où elle ne connaissait personne.... Son mari la quitte au bout de six mois, sans motif, sans égard, sans daigner même inventer un prétexte.... Il part en la prévenant par une lettre que ses travaux le retiendront long-temps en pays étranger... Un an se passe.... point de nouvelles! pas une marque de souvenir à sa femme dévorée d'inquiétude... Un jour enfin elle lit dans les journaux qu'en explorant je ne sais quelle montagne son époux a péri par la main des brigands..

ISAURE. Ah! mon Dieu! c'est comme dans un roman.

Mme JUVIGNY. Ce n'est pas tout !... cette mort, ces brigands, tout cela n'était qu'un faux bruit, une histoire faite à plaisir; voilà ce qu'elle apprit indirectement, car son mari ne prit pas même le soin de la rassurer.

AIR : *Ces postillons.*

Loin de sa femme! il s'amuse, il voyage,

Le plaisir seul sert de guide à ses pas ;

Oubliant le nœud qui l'engage,

Il vit exempt de trouble et d'embarras,

Libre et joyeux à l'ombre du trépas,

Oui, monsieur pense avoir brisé sa chaîne,

Bien convaincu, dans sa haute raison,

Qu'une fois mort, un mari peut sans gêne

Ressusciter garçon.

DAUBONNE. Parbleu ! ce serait trop commode.

Mme DELBOIS. Si j'étais sa femme, je ne le reverrais de ma vie.

Mme JUVIGNY. C'est aussi son intention; humiliée par un abandon si injuste, mais trop fière pour s'en plaindre, elle a quitté le nom qu'elle avait reçu de lui, et c'est dans la retraite qu'elle veut désormais cacher sa vie et ses chagrins.

Mme DELBOIS. Pauvre femme! la voilà veuve pour ainsi dire...

Mme JUVIGNY. Quelle différence ! une veuve peut regretter son mari,.. et c'est une consolation.

DAUBONNE. Oui, sans compter les autres.

Mme DELBOIS. A propos, j'ai reçu ce matin une lettre pour toi.

Mme JUVIGNY. Ah! oui, je l'attendais...

je me suis permis de donner ton adresse...
la poste est si mal servie... elle met vingt-
quatre heures de Paris à Auteuil.

DAUBONNE. Il faut espérer que quand
nous aurons des chemins de fer...

Mme DELBOIS. Ta lettre est dans ma
chambre, je vais te la chercher... mais
j'aperçois mon frère...

SCENE VII.

LES MÊMES, ÉMILE, *en toilette de bal.*

ÉMILE, *à part.* Dieu! les voilà!... (*Haut.*)
Mesdames, permettez-moi de vous présenter... (*A part.*) Le cœur me bat....
comme si j'en avais deux!

Mme DELBOIS. Il doit y avoir déjà du
monde dans le salon... Si nous allions rejoindre la société?..

Mme JUVIGNY. Volontiers.

ÉMILE. Puis-je espérer, madame, que
vous m'accorderez la première contredanse?

Mme JUVIGNY. Avec plaisir, monsieur
Émile.

DAUBONNE. Il m'a prévenu.

ISAURE, *à part.* Pourquoi donc ne m'en-
gage-t-il pas?

DAUBONNE, *à part, et passant près d'I-
saure.* Adressons-nous à la petite cousine.
(*A Isaure.*) Puis-je espérer...?

Mme DELBOIS. Mon cher Daubonne, vous
m'aiderez à recevoir, n'est-ce pas?.. ayez
la bonté de donner un coup-d'œil aux tables de jeu.

DAUBONNE. Madame... certainement....
(*A part.*) C'est fort désagréable.

Mme DELBOIS, *à Mme Juvigny.* Je vais
chercher ta lettre.

AIR : *Adieu, ce soir, si de toi j'ai besoin.* (2me acte
de César.)

Allons, ma chère, il faut qu'ici gaîment
Ce soir chacun se livre à la folie.

Mme JUVIGNY.

Oui, des ennuis, des chagrins de la vie,
Le bal, du moins, nous distrait un moment.

ÉMILE, *à part tenant la main de Mme Juvigny et
regardant Isaure.*

Entre les deux mon cœur est incertain.

Mme DELBOIS, *faisant remarquer Émile à Daubonne.*

Vous voyez!..

DAUBONNE.

Oui, ça me désole.
(*Voyant Émile donner la main à Isaure.*)
Eh! mais à l'autre il offre aussi la main.
D'honneur! c'est un vrai monopole,

ENSEMBLE.

Moi qui croyais pouvoir ici gaîment
M'abandonner, ce soir, à la folie,

Loin de calmer les ennuis de ma vie,
Le bal encore ajoute à mon tourment.

LES AUTRES.

Oui, sans retard il faut qu'ici gaîment
Ce soir chacun se livre à la folie ;
Car des ennuis, des chagrins de la vie,
Le bal du moins nous distrait un moment.

Ils sortent par la deuxième porte à gauche.

SCENE VIII.

DAUBONNE, *puis* LAMBERTI.

DAUBONNE, *seul.* Ce petit avocat serait-il
vraiment amoureux de Mme Juvigny?..
ces diables de jeunes gens s'emparent de
tout.... Qu'ils prennent les demoiselles,
c'est de leur âge, mais qu'ils nous laissent
les veuves à nous autres qui ne sommes
pas exigeans.

LAMBERTI, *entrant.* Ah! ah! vous êtes
seul, monsieur Daubonne?

DAUBONNE. Oui, monsieur, on vient de
passer au salon.

LAMBERTI. Je vais prouver à Mme Delbois que je suis de parole.

DAUBONNE, *à part.* Il est l'ami du jeune
homme... si je pouvais... (*Haut.*) Pardon,
monsieur, je désirerais...

LAMBERTI. Me parler?.. volontiers! je
vous écoute.

DAUBONNE. Personne ne peut nous entendre, monsieur... vous m'avez paru très-
lié... avec le frère de Mme Delbois?

LAMBERTI. Intimement, monsieur; après?

DAUBONNE. Vous n'ignorez pas alors
qu'il est amoureux?

LAMBERTI. A son âge, on l'est toujours.

DAUBONNE. Mais connaissez-vous la personne?..

LAMBERTI. Et vous, monsieur?

DAUBONNE. Moi, je m'en doute... c'est
Mme Juvigny.

LAMBERTI. Vous croyez?

DAUBONNE. J'en suis sûr... je vous parle
de cela dans l'intérêt de M. Emile... si
vous êtes son ami, conseillez-lui de porter ses vues sur la jeune Isaure, la petite
cousine.

LAMBERTI. Oui, l'autre... la demoiselle...

DAUBONNE. Personne ne peut nous entendre, je m'explique... il y a quelqu'un qui
s'occupe de Mme Juvigny... un homme de
mérite qui ne s'effraie pas de la concur-
rence.

LAMBERTI. Et quel est ce rival redoutable?.. il ne peut valoir Emile... et nous saurons bien le contraindre.

DAUBONNE. J'en ai déjà trop dit... au surplus, Mme Delbois m'a prié de l'aider, et je vais arranger quelques tables de bouillote.

LAMBERTI, *vivement*. On joue donc la bouillote?

DAUBONNE, *indiquant la deuxième porte à droite*. Certainement.... là.... dans cette chambre.

LAMBERTI, *allant regarder*. Oui, ma foi, les joueurs sont installés.

DAUBONNE. Déjà?.. j'ai trop attendu... il y a long-temps que je devrais être...

LAMBERTI, *regardant toujours*. Décavé!.. je remplace.

Il sort vivement par la deuxième porte à droite.

SCENE IX.

DAUBONNE, puis Mme JUVIGNY.

DAUBONNE. Décavé!... quelle tête!... voilà bien les artistes... ma foi, puisqu'ils sont à jouer, allons au salon faire ma cour à Mme Juvigny... mais, Dieu me pardonne, la voici!.. elle est seule... c'est peut-être moi qu'elle cherche.

Il se tient à l'écart.

Mme JUVIGNY, *entrant une lettre à la main*. Enfin la contredanse est finie... et je puis lire cette lettre sans témoins.

DAUBONNE, *s'approchant*. Madame, je bénis le hasard qui me procure l'avantage...

Mme JUVIGNY. Vous étiez là, monsieur?

DAUBONNE. Oui, madame, et puisque l'occasion me favorise, permettez-moi... personne ne peut nous entendre?

Mme JUVIGNY. Mon cher monsieur Daubonne, je n'ai quitté le salon que pour être seule, une lettre importante...

DAUBONNE. Ah! madame, je suis désolé...

Air : *l'Amour qu'Edmond.*

Oui, je me retire en silence.

Mme JUVIGNY.

Je vous écouterai plus tard.

DAUBONNE.

Plus tard est un mot d'espérance,
Je le vois dans votre regard.
Sans perdre un instant je vous quitte,
J'ai même attendu beaucoup trop,
Et pour que plus tard vînt plus vite
J'aurais dû m'en aller plus tôt.

Il sort par la deuxième porte à droite.

SCENE X.

Mme JUVIGNY, seule.

Ce pauvre M. Daubonne!.. quelle peine il se donne pour être aimable!... mais voyons ce qu'on m'écrit. (*Elle lit.*) « Ma » chère amie, je t'adresse cette lettre chez » Mme Delbois, ainsi que nous en sommes » convenues... Voici des nouvelles de ton » mari ; j'ai la certitude qu'il est de retour » à Paris. » Il est donc vrai!... « Puisque » tu veux tout savoir, apprends qu'il court » les bals, les fêtes, les plaisirs; et, comme » votre mariage est connu de peu de personnes, il n'en parle jamais, et laisse » croire à tout le monde qu'il est garçon. » Quelle indigne conduite!... ah! si j'osais me venger... mais non, le mépris seul.... oui, je serais coupable d'y penser encore.

LAMBERTI, *en dehors*. Dans l'instant, messieurs, je vais venir me recaver.

Mme JUVIGNY. Ah! mon Dieu!... cette voix... est-ce une illusion?... on vient... si je pouvais m'assurer...

Elle se cache vivement derrière le paravent.

SCENE XI.

Mme JUVIGNY, cachée, LAMBERTI, puis EMILE.

LAMBERTI. On n'a pas plus de malheur! perdre avec un brelan de rois

Mme JUVIGNY, *à part*. C'est lui!

LAMBERTI. Au surplus, je n'ai que ce que je mérite... pourquoi jouer quand je suis chez Mme Delbois... quand je pourrais... du moins auprès d'elle, je ne risque rien... que de perdre la tête... et le bénéfice ne serait pas de son côté.

Mme JUVIGNY. Qu'entends-je!..

LAMBERTI. Il faut décidément me déclarer... lui dire que je l'aime... ça finirait toujours par là... et j'y ai mis jusqu'ici trop de délicatesse.

Mme JUVIGNY. Il serait possible!

LAMBERTI. Allons la trouver au salon.

ÉMILE, *entrant vivement par la seconde porte à gauche*. Ah! mon cher Lamberti, je vous rencontre à propos.

LAMBERTI. Je n'ai pas le temps de t'écouter.

ÉMILE. Laissez-moi seulement vous dire combien je suis heureux.

LAMBERTI. A la bouillote?

ÉMILE. Mais non... j'ai dansé avec elle.

LAMBERTI. La veuve, ou la demoiselle?

ÉMILE. La veuve!.. j'en suis fou... décidément!

LAMBERTI. Tu es donc aimé?

ÉMILE. Je n'en sais rien.

LAMBERTI. Diable! tu es déjà si avancé?

ÉMILE. C'est plus fort que moi... je n'ose pas... sa présence m'interdit!

LAMBERTI. Il faut oser, mon cher, on perd toujours quelque chose à garder le silence... je m'en suis aperçu avec ta sœur... et d'après ton conseil de ce matin, je vais à l'instant même lui faire une déclaration.

ÉMILE. En vérité?.. ah! si j'étais assez hardi...

LAMBERTI. Mon exemple t'encouragera, viens avec moi.

AIR : *Qu'il est flatteur d'épouser celle.*

Mais non, je la vois qui s'avance.
ÉMILE.
Eh bien! que faire?
LAMBERTI.
Reste là!
Ne perds pas un mot, et je pense
Qu'une leçon te suffira.
Remarque surtout mon adresse.
Oui, je veux, en bon professeur,
Que bientôt près de sa maîtresse
Mon élève me fasse honneur.

ÉMILE. Comment! vous voulez que je reste?

LAMBERTI. Diable! c'est vrai... Ah! là, derrière ce paravent.

Mme JUVIGNY. O ciel!

LAMBERTI, *le poussant.* Va donc!

ÉMILE, *passant derrière le paravent pendant que Lamberti remonte la scène et stupéfait en voyant Mme Juvigny.* Ah!

Mme JUVIGNY, *vivement.* De grâce, monsieur Emile, pas un mot.

LAMBERTI, *revenant près du paravent.* Ça va commencer... écoute et profite.

SCENE XII.

LES MÊMES, Mme DELBOIS.

Mme DELBOIS, *entrant par la seconde porte à gauche, et prenant la droite de la scène.* C'est vous, monsieur Lamberti... je croyais trouver ici...

LAMBERTI. Un autre que moi, sans doute?

Mme DELBOIS. Mme Juvigny.

LAMBERTI. Et moi, je me félicite d'être seul avec vous... j'attendais ce moment avec impatience.

Mme DELBOIS. Vous avez à me parler?.. de mon frère, peut-être?

LAMBERTI. Non, madame, de moi...? d'un secret qui me dévore... et que j'hésite depuis long-temps à vous révéler.

Mme DELBOIS. Un secret?

LAMBERTI. Ah! madame...

ÉMILE, *derrière le paravent.* Ah! madame...

LAMBERTI. N'avez-vous pas compris ce que j'éprouve?.. et me faudra-t-il donc vous l'apprendre?

Mme DELBOIS. C'est inutile, j'aime mieux l'ignorer.

LAMBERTI. Non, vous ne l'ignorez pas! mes yeux vous l'ont appris... vous avez lu dans mon cœur.... et dussiez-vous me punir de ma témérité...

Mme DELBOIS. Monsieur...

LAMBERTI. Je tombe à vos genoux...

ÉMILE. Je tombe à vos genoux...

Mme JUVIGNY, *à part.* Quelle situation!

AIR : *Aux bords heureux du Gange.*

LAMBERTI.
De mon audace extrême
ÉMILE, *à Mme Juvigny.*
De mon audace extrême
LAMBERTI.
N'ayez pas de courroux,
ÉMILE.
N'ayez pas de courroux,
LAMBERTI.
Madame, je vous aime!..
ÉMILE.
Madame, je vous aime!..
Mme DELBOIS.
Monsieur, relevez-vous.
Mme JUVIGNY.
De grâce, taisez-vous.

ENSEMBLE.

Mme JUVIGNY.
Je puis de son offense
Le punir, je le crois;
Le dépit, la vengeance
M'animent à la fois.
Mme DELBOIS.
Ayons de la prudence,
Car je sens qu'à sa voix
La crainte et l'espérance
Me troublent à la fois.
ÉMILE.
Mon amour, ma constance
Triompheront, je crois.
La crainte et l'espérance
Me troublent à la fois.
LAMBERTI.
Ici mon éloquence
Triomphera, je crois.
La crainte et l'espérance
La troublent à la fois.

LAMBERTI, *haut à Mme Delbois.*
A cet aveu si tendre

ÉMILE, *à Mme Juvigny.*
A cet aveu si tendre

LAMBERTI.
Ne répondrez-vous pas?

ÉMILE.
Ne répondrez-vous pas?

Mme DELBOIS.
On pourrait nous surprendre.

Mme JUVIGNY.
On pourrait nous entendre.

Mme DELBOIS.
Mon Dieu! quel embarras!

Mme JUVIGNY.
Du moins parlez plus bas!

ENSEMBLE.

Je puis de son offense, etc.

Mme DELBOIS.
Ayons de la prudence, etc.

ÉMILE.
Mon amour, ma constance, etc.

LAMBERTI.
Ici mon éloquence, etc.

Mme DELBOIS. Encore une fois, monsieur, relevez-vous!

LAMBERTI. J'obéis; mais daignez me répondre.

Mme DELBOIS. Eh! que puis-je vous dire? j'ai peine à revenir de ma surprise.

LAMBERTI. Au moins, permettez-moi d'espérer...

Mme DELBOIS. Et vous, monsieur, permettez-moi de réfléchir.

LAMBERTI. Vous l'exigez?... j'y consens!.. car je jure sur cette belle main d'être toujours soumis à vos désirs.

Il lui baise la main.

ÉMILE, *à Mme Juvigny.* Oui, madame, je jure sur cette belle main...

Il lui baise la main avec bruit.

Mme JUVIGNY. Silence donc!

Mme DELBOIS. C'est singulier... j'avais cru entendre...

LAMBERTI. Rien, je vous assure. (*A part.*) C'est l'autre qui baise sa main pour m'imiter.

Mme DELBOIS. On vient : je vous en prie, monsieur, de la prudence!

SCENE XIII.

Mme JUVIGNY, ÉMILE *derrière le paravent*, LAMBERTI, ISAURE, Mme DELBOIS.

ISAURE. Ah! pardon, madame, je cherchais ma cousine... je ne sais où elle est.

LAMBERTI, *à part.* Ah! ah! c'est la demoiselle.

Mme DELBOIS. Je m'informais d'elle à l'instant même... et je pense qu'elle est passée dans mon appartement pour lire la lettre que je lui ai remise.

ISAURE, *à part.* Je ne vois pas, non plus, M. Emile... Il ne ne m'a pas invitée...

Mme DELBOIS, *à Isaure.* Si vous voulez, nous allons la rejoindre..... Je vous laisse, M. Lamberti.

LAMBERTI, *saluant.* Madame... (*A part.*) J'espère que mon élève est satisfait de la leçon...

Mme Delbois et Isaure sortent par le fond.

SCENE XIV.

LAMBERTI, ÉMILE, Mme JUVIGNY,
cachée.

LAMBERTI. Tu peux sortir... ta sœur est partie.

ÉMILE, *sortant vivement et fermant le paravent de manière à masquer la petite porte.* Me voici!

LAMBERTI. Eh bien! qu'en dis-tu?
ÉMILE. Chut! silence!
LAMBERTI. Hein! qu'est-ce que c'est?
ÉMILE. Elle était là... elle y est encore!
LAMBERTI. Qui donc?
ÉMILE. Madame Juvigny.
LAMBERTI. Ta veuve!.. pas possible!..
ÉMILE. Je n'ai pas perdu un mot, et j'ai mis, sur-le-champ, la théorie en pratique.
LAMBERTI. Comment! ce baiser dont j'ai entendu l'écho...?
ÉMILE. C'était sur sa main.
LAMBERTI, *riant.* Ah! ah! ah! délicieux, ma parole d'honneur... et je serais bien curieux...

Il s'approche du paravent.

ÉMILE, *le retenant.* Ah! Lamberti, je vous en conjure...
LAMBERTI. Ne vas-tu pas faire le discret? tu es un enfant!.. (*Il ouvre le paravent.*) Il n'y a personne!
ÉMILE. Tant mieux! elle se sera échappée par cette porte.
LAMBERTI. Elle est fermée!.. C'est une sylphide!
ÉMILE. Ah! maintenant... je suis bien décidé à l'épouser.
LAMBERTI. Ce ne sera peut-être pas si facile que tu penses... car tu as un rival...
ÉMILE. Un rival!.. Vous le connaissez?
LAMBERTI. Pas encore, mais je soupçonne...
ÉMILE. Vous voyez bien qu'il n'y a pas

un moment à perdre... dès demain, je vais à Auteuil lui demander sa main... Vous viendrez avec moi, n'est-ce pas?

LAMBERTI. Assurément! ta sœur m'a chargé de veiller sur toi... et je dois savoir si cette dame...

ÉMILE. Mais la soirée s'avance... et je veux encore danser.

LAMBERTI. Je vais t'accompagner... tu me la montreras.

ÉMILE. Oh! non! ne rentrons pas ensemble au salon... elle pourrait croire que je vous ai confié...

LAMBERTI. Comme tu voudras! mais demain ne va pas chez elle sans moi.

ÉMILE. Je vous le promets.

LAMBERTI. Avant de nous quitter, nous conviendrons de l'heure.

ÉMILE. C'est dit : sans adieu.

Il sort.

SCENE XV.

LAMBERTI, *puis* Mme JUVIGNY.

LAMBERTI, Cette veuve me fait l'effet d'une franche coquette! elle souffre les assiduités du vieux Daubonne; elle reçoit les hommages du jeune Emile... elle se cache derrière les paravents... J'avoue qu'elle pique ma curiosité.

Mme JUVIGNY, *rentrant derrière le paravent.* Voyons s'il est encore là!

LAMBERTI. Il ne faut pourtant pas que les affaires d'Emile me fassent oublier les miennes.

Mme JUVIGNY. Il est seul!

LAMBERTI. Sa sœur demande à réfléchir... ce qui veut dire qu'elle attend de moi une proposition de mariage... Ah! si on pouvait cumuler...

Mme JUVIGNY, *à part.* Quels jolis principes!

LAMBERTI. Mais il y a moyen de transiger et de couper l'hymen par la moitié... Ma foi, allons la rejoindre et tâchons d'arranger cela le plus gaîment possible.

Mme JUVIGNY. C'est ce que nous verrons.

Elle jette par dessus le paravent une lettre attachée à une clef et disparaît.

LAMBERTI, *qui s'est retourné au bruit de la clef.* Qu'est-ce que c'est que ça?.. une clef!.. un billet!.. ça doit sortir du paravent. (Il va regarder.) Toujours personne! Lisons : « A M. Lamberti!.. » C'est pour moi!.. « Mme Juvigny attend M. Lamberti demain matin, à sa maison d'Auteuil... Il est prié de venir seul, et d'en-

» trer secrètement par le pavillon du parc » dont la clef est jointe à ce billet. »

Air : *Soldat français.*

Ce pavillon!.. cette clef!.. ce billet !..
Demain matin... seul !.. l'aventure est neuve ;
Aurais-je donc, par un charme secret,
Su captiver cette invisible veuve?
Oui, je dois croire à mon bonheur,
Et, lorsqu'ainsi la beauté se comporte,
On ne peut plus redouter sa rigueur :
N'a-t-on pas la clef de son cœur
Dès qu'on a celle de sa porte?

Singulière femme! il faut absolument que je la voie ce soir... Elle danse sans doute avec Emile..... Courons vite...

Il va pour sortir et rencontre Émile.

SCENE XVI.

LAMBERTI, ÉMILE, *tenant un bouquet.*

LAMBERTI. C'est toi? La contredanse est déjà finie?

ÉMILE. Je n'ai pas dansé, mon ami, elle vient de partir...

LAMBERTI. Madame Juvigny?

ÉMILE. Hélas! oui!

LAMBERTI, *à part.* Allons, il est dit que je ne pourrai pas la voir aujourd'hui.

ÉMILE. Mais si vous saviez mon bonheur... elle m'aime, j'en suis sûr, ou, du moins, je l'espère, d'après le gage que j'ai reçu d'elle...

LAMBERTI. Un gage?..

ÉMILE. Oui, mon ami ; en s'en allant, M. Daubonne lui donnait la main ainsi qu'à sa cousine... car ce vieux Daubonne ne les quitte pas.

LAMBERTI. C'est ce qu'on dit.

ÉMILE. Moi, je la suivais des yeux. Elle s'en est aperçue, et m'a jeté son bouquet... Je l'ai ramassé bien vite... Le voilà! et j'ai cru que j'allais me trouver mal de plaisir.

LAMBERTI, *à part.* Voilà une petite femme bien dangereuse !

ÉMILE. Je brûle de lui dire que je l'adore, que je l'épouse, que je ne veux plus la quitter.

LAMBERTI. Comment! tu serais décidé?..

ÉMILE. Oui, mon ami : dès demain... N'est-il pas convenu que vous m'accompagnerez?

LAMBERTI, *à part.* Diable ! elle qui m'a recommandé de venir seul...

Il réfléchit.

ÉMILE, *examinant le bouquet.* Quel joli bouquet! (A part.) Mais, que vois-je? un billet est au milieu! (Lisant.) « Je vous

» attends demain à Auteuil... Venez seul.»
O ciel!

LAMBERTI, *à part*. Essayons de le détourner.

ÉMILE, *à part*. Et lui qui doit m'accompagner...

LAMBERTI. Mon cher Emile, je ne veux pas te contrarier, et, si tu l'exiges, nous irons demain matin chez ta belle veuve.

ÉMILE. Permettez... Pour peu que cela vous gêne...

LAMBERTI. Moi? du tout! mais, dans ton intérêt, je t'engage à ne pas montrer trop d'empressement.

ÉMILE. En effet, ce serait maladroit. (*A part*.) Il y vient de lui-même.

LAMBERTI. Tandis que plus tard...

ÉMILE. Oui, dans quelques jours...

LAMBERTI. La semaine prochaine...

ÉMILE, *à part*. Quel bonheur! je serai seul avec elle!

LAMBERTI, *à part*. Il ne troublera pas mon rendez-vous.

◈◈◈◈◈◈◈◈◈◈◈◈◈◈◈◈◈◈◈◈◈◈◈◈◈◈◈◈◈◈◈◈◈◈

SCENE XVII.

DAUBONNE, Mme DELBOIS, ÉMILE, LAMBERTI.

DAUBONNE, *à part*, *en entrant*. Je suis dans un ravissement... Elle m'attend demain matin à sa campagne.

Mme DELBOIS, *entrant*. C'est inconcevable! Est-il vrai, messieurs, que ces dames soient parties?

ÉMILE. Oui, ma sœur.

Mme DELBOIS. Sans me dire adieu! sans prendre congé de personne!..

DAUBONNE. Je suis chargé de leurs excuses, belle dame! Je viens de les reconduire jusqu'à leur voiture, et Mme Juvigny m'a prié de vous remettre ce souvenir que vous lui avez prêté.

Mme DELBOIS, *le prenant*. Que je lui ai prêté!..

LAMBERTI, *à part*. Ce vieux Daubonne est bien radieux!

Mme DELBOIS, *qui l'a ouvert*. Des mots tracés au crayon! (*Elle lit à part*.) « Demain matin, fais en sorte de venir chez » moi, j'ai un secret à te confier. » Un secret!.. J'irai.

AIR nouveau de M. Doche.

LAMBERTI, à part.

Soyons discret!

Mme DELBOIS, à part.

Il faut de la prudence!

DAUBONNE.

Dissimulons!

ÉMILE.

Ne nous trahissons pas.

Mme DELBOIS, haut.

Mais il est tard, on doit de votre absence
Se plaindre au bal; veuillez suivre mes pas.

ENSEMBLE.

Plus de retard; on doit de notre absence
Se plaindre au bal; et nous suivons vos pas.

DAUBONNE, à part.

Je suis aimé! mon bonheur est immense!

ÉMILE.

Que le plaisir nous entraîne soudain.

LAMBERTI.

Oui, mes amis, dansons dans l'ignorance
De ce qui peut nous arriver demain.

DAUBONNE.

Dansons jusqu'à demain.

ENSEMBLE.

Mais n'est-ce pas la ritournelle
Qui vient nous donner le signal?
Plus de retard, oui, c'est bien elle
Qui vient nous donner le signal ;
La voix du plaisir nous appelle,
A l'instant retournons au bal.

FIN DU PREMIER ACTE.

ACTE DEUXIÈME.

Le théâtre représente un jardin. Au fond, un mur de clôture, vers le milieu duquel est une grille d'entrée. A droite, au premier plan, un pavillon, qui est censé avoir une porte à l'extérieur et une autre porte sur la scène, plus une fenêtre ouvrant en face du spectateur. A gauche, un bosquet et des arbres.

SCENE PREMIERE.

EMILE, *puis* ISAURE.

ÉMILE, *paraissant au fond en dehors de la grille.* J'ai beau regarder de tous côtés, je ne vois personne. Il est trop matin... et moi qui craignais d'arriver trop tard!... Je n'ose pas sonner, de peur d'éveiller tout le monde. Si je pouvais du moins pénétrer dans le jardin, j'attendrais avec plus de patience. Ma foi, il faut me risquer. Tentons l'escalade.

Il disparaît à droite.

ISAURE, *entrant dans le jardin par la gauche, et tenant un livre.* C'est singulier, on ne s'est jamais levé si tôt dans la maison. Ma cousine est dans une agitation... à chaque instant elle se met à la fenêtre... et moi-même je ne suis guère plus tranquille. Hier, au bal, M. Emile ne m'a pas invitée une seule fois. Peut-être n'a-t-il pas osé... il est trop timide. Ce n'est pas comme le héros de ce roman... celui-là est trop hardi.

Air : *Du partage de la richesse.*

Vraiment, son audace est extrême,
Et son amour est des plus dangereux
  Auprès de la femme qu'il aime :
  Un soir, cet amant furieux
Entre soudain en brisant un vitre...
Que devient-elle? ah! mon cœur en frémit...
Je n'oserais achever le chapitre
Si je savais comment cela finit.

Elle s'assied sur une chaise et ouvre son livre.

ÉMILE, *paraissant sur le haut du mur, à droite.* Je suis à moitié chemin.

ISAURE, *lisant.* « Elle était seule... immobile et rêveuse, lorsqu'un bruit étrange vint la faire tressaillir... »

ÉMILE, *sautant à terre.* M'y voilà!..

ISAURE, *laissant tomber son livre.* Ah!..

ÉMILE, *à part.* Dieu! la petite cousine!

ISAURE. Monsieur Emile!... mais la grille n'est pas ouverte, par où êtes-vous donc entré?

ÉMILE. Moi, mademoiselle? La crainte d'être importun... j'ai pensé que le mur était plus commode.

ISAURE. Ma cousine n'est donc pas prévenue de votre visite?

ÉMILE. Non, mademoiselle... non, sans doute. (*A part.*) Quel embarras! (*Haut.*) C'est le hasard; je me promenais de ce côté, et, vous ayant aperçue à travers la grille...

ISAURE. Quoi, monsieur! c'est pour moi que vous avez franchi...?

ÉMILE. Mais, oui, mademoiselle, pour vous voir... pour vous parler. (*A part.*) Je mens très-bien.

ISAURE. Ça m'étonne... car hier au bal c'était plus facile... et cependant...

ÉMILE. Mais, hier, nous n'étions pas seuls... et je n'ose pas être amoureux quand on me regarde.... tandis qu'à présent je donnerais tous les bals pour l'instant que je passe auprès de vous.

ISAURE, *à part.* Il est plus aimable aujourd'hui.

ÉMILE, *à part.* Comme elle est gentille le matin!

ISAURE. Ah! mon Dieu! j'aperçois ma cousine! il ne faut pas qu'elle nous voie ensemble.

ÉMILE. Vous croyez!

ISAURE. Sans doute... elle pourrait s'imaginer... Cachez-vous dans ces bosquets.

ÉMILE. Oui, j'attendrai que la grille soit ouverte.

Air *de M. Harmille.* (Avis aux Coquettes.)

De la prudence et du courage;
Cachons-nous bien; presque toujours,
Dans les romans, c'est le feuillage
Qui sert de cachette aux amours.
Pour vous chercher en cet asile,
Non, rien n'aurait pu m'arrêter;
Mais la route est plus difficile
Quand il s'agit de vous quitter.

De la prudence et du courage,
Cachons-nous là ; presque toujours,
Dans les romans, c'est le feuillage
Qui sert de cachette aux amours.

ISAURE.

De la prudence et du courage ,
Cachez-vous bien ; presque toujours ,
Dans les romans , c'est le feuillage
Qui sert de cachette aux amours.

Il sort par le bosquet.

SCENE II.

ISAURE , Mme JUVIGNY , *entrant à gauche, puis* Mme DELBOIS.

ISAURE. Franchir un mur pour me parler un instant! j'avais bien tort de lui en vouloir.

Mme JUVIGNY, *entrant avec un domestique qui va ouvrir la grille.* Ah! c'est toi, Isaure? Voici Mme Delbois.

ISAURE. Vraiment?

Mme JUVIGNY. De ma fenêtre, je l'ai vue descendre de voiture.

ISAURE, *à part.* M. Emile a bien fait de s'éloigner.

Mme DELBOIS, *à la cantonnade.* Retournez à Paris, vous viendrez me chercher ce soir.

Mme JUVIGNY. Sois la bien venue; je t'attendais avec impatience.

Mme DELBOIS, *entrant du fond, à droite.* Bonjour, mes bonnes amies*. (*A madame Juvigny.*) J'espère que je suis exacte au rendez-vous. Il est vrai que j'avais un puissant motif.... voyons, ne me fais pas languir. Quel est ce grand secret que tu dois me confier?

ISAURE. Un secret?

Mme JUVIGNY. Nous avons le temps... N'en as-tu pas un aussi à m'apprendre?

Mme DELBOIS. Moi,.... c'est possible.... mais tu le sauras plus tard.

Mme JUVIGNY. Je le sais déjà. Tu songes à te remarier.

Mme DELBOIS. C'est vrai !

Mme JUVIGNY. Avec un artiste.

Mme DELBOIS. C'est encore vrai. Aurais-tu aussi deviné son nom?

Mme JUVIGNY. Peut-être, M. Lamberti...

Mme DELBOIS. Tu le connais?

Mme JUVIGNY. Très-peu... mais hier, à ta soirée, j'ai observé... j'ai interrogé... et j'en ai appris plus que je ne voulais.....

Mme DELBOIS. On ne t'a pas trompée....

* Isaure, Mme Delbois, Mme Juvigny.

mais, avant de prendre aucun engagement, je désire te le présenter... j'ai confiance en toi, et ton jugement me décidera.

Mme JUVIGNY. Et si j'allais détruire tes illusions?

Mme DELBOIS. Je n'en ai pas...

Mme JUVIGNY. Cependant, si tu l'aimes?

Mme DELBOIS. Je ne veux aimer que mon mari.... c'est une résolution que j'ai prise depuis que je suis veuve.

ISAURE, *à part.* Est-ce que nous allons rester là? et M. Emile qui m'attend.

Mme JUVIGNY , *prêtant l'oreille du côté du pavillon, à part.* On vient d'entrer dans le pavillon... ce doit être lui.

Mme DELBOIS. Qu'as-tu donc? tu ne m'écoutes pas.

Mme JUVIGNY. Si fait!.. mais dans ce jardin on est si mal pour causer.... nous serions plus à l'aise chez moi en déjeunant.

Mme DELBOIS. Comme tu voudras.

ENSEMBLE.

AIR : *Avec assurance.* (Schubry.)

Mme JUVIGNY , *à part.*

Mon cœur bat d'avance ;
Mais point d'imprudence !
Rentrons en silence.
(*A* Mme *Delbois.*)
Bientôt tu sauras
Quel trouble m'agite ;
Viens donc au plus vite :
L'amitié t'invite
A suivre mes pas.

Mme DELBOIS.

Oui, de la prudence ;
J'apprendrai, je pense,
Et sa confidence
Et son embarras ;
Quel trouble l'agite !
Rentrons au plus vite ;
L'amitié m'invite
A suivre ses pas.

ISAURE , *regardant le bosquet.*

Il est là, je pense ;
Gardons le silence
Sur son imprudence
Et mon embarras.
Quel trouble m'agite !
Rentrons au plus vite ;
La raison m'invite
A suivre leurs pas.

LAMBERTI , *ouvrant la fenêtre du pavillon.*

Ne disons rien ;
Je crois entendre...

ÉMILE , *paraissant dans le bosquet.*

Il faut attendre,
Cachons-nous bien.

TOUS LES DEUX.

Mon cœur bat d'avance ;
Mais point d'imprudence,

Gardons le silence
Et ne bougeons pas.
Quel trouble m'agite !
Ce retard m'irrite,
Je tremble, j'hésite...
Cruel embarras !

Les autres comme ci-dessus. Elles sortent par la gauche.

SCENE III.

ÉMILE, LAMBERTI.

LAMBERTI, *dans le pavillon*. Les voix semblent s'éloigner.

ÉMILE, *dans le bosquet*. Enfin, je n'entends plus rien.

LAMBERTI, *sortant*. Je peux m'aventurer...

ÉMILE, *de même*. Avançons doucement.

TOUS DEUX, *s'apercevant*. Ah !

LAMBERTI. C'est toi ?

ÉMILE. C'est vous ?

LAMBERTI. Eh ! pourquoi ?

ÉMILE. Et par quel hasard ?

LAMBERTI. Voilà comme tu tiens nos conventions ?

ÉMILE. Je pourrais vous faire le même reproche...

LAMBERTI. Enfin, qu'est-ce qui t'amène ?

ÉMILE. Rien... et vous ?

LAMBERTI. Moi, ce n'est pas le même motif.

ÉMILE. Vous avez donc des motifs ?

LAMBERTI. Certainement, je suis venu pour dessiner le paysage... j'ai même apporté mes cartons, mes pinceaux..... la preuve, c'est que je les ai laissés chez le jardinier... un artiste dans son genre.... il m'a invité à me rafraîchir, et j'ai croqué sa femme, qui est gentille... je retournerai chez ces gens-là.

ÉMILE. Ah ! vous êtes venu pour croquer la femme du jardinier ?

LAMBERTI. Oui, d'abord... et puis ce matin, j'ai passé chez toi... on m'a dit que tu étais sorti de bonne heure... et à ton âge, quand on sort de bonne heure, ce n'est pas pour voir lever l'aurore... j'ai deviné la route que tu avais prise... j'ai couru sur tes traces, l'amitié m'en faisait un devoir...

ÉMILE. Ce cher Lamberti...

LAMBERTI. Et tu as eu tort de jouer au fin avec moi.

ÉMILE. Mon ami, ne m'accusez pas... je n'ai pu faire autrement, et quand vous saurez...

LAMBERTI. Je sais tout.

ÉMILE. Comment ! vous savez qu'elle m'a écrit un billet ?

LAMBERTI. Un billet, Mme Juvigny ?

ÉMILE. Où elle me recommande de venir seul... Tenez, le voilà.

Il le lui donne.

LAMBERTI, *le regardant*. C'est effrayant, ma parole d'honneur... et comment t'a-t-elle reçu ?

ÉMILE. Je ne l'ai pas encore vue.

LAMBERTI. Tant mieux !.. car ce rendez-vous est une mystification.

ÉMILE. Moi, je n'y vois qu'une preuve d'amour.

LAMBERTI. Oh ! tu vois de l'amour partout... mais je t'en avertis, tu es la dupe de cette femme-là... hier, je ne te croyais qu'un rival, aujourd'hui je t'en connais deux... et la journée n'est pas finie.

ÉMILE.

Air de Julie.

Non, c'est une plaisanterie,
Ou bien de la prévention...
Et mes rivaux, je le parie,
Sont tous de votre invention.

LAMBERTI, *voyant arriver Daubonne*.
En veux-tu voir un fort aimable !
Tiens !

ÉMILE.

Monsieur Daubonne,

LAMBERTI.

Oui, c'est lui !
Et crois que jamais ton ami...
N'a rien inventé de semblable.

SCENE IV.

Les Mêmes, DAUBONNE, *entrant par la grille du fond, qui est restée ouverte.*

DAUBONNE, *à part*. M. Emile et son ami... c'est bien singulier.

LAMBERTI. Voyons-le venir.

DAUBONNE, *prenant le milieu de la scène*. Messieurs, je suis ravi que le hasard, car il est probable que c'est au hasard seul que je dois le plaisir...

LAMBERTI. Dans tous les cas, monsieur Daubonne, ce serait à nous à le remercier.

DAUBONNE. Vous êtes trop bon... mai

votre arrivée a dû bien surprendre Mme Juvigny?

ÉMILE. Nous n'avons pas encore eu l'avantage de la voir.

DAUBONNE. Ah! c'est ce que je me disais, il est impossible que ces messieurs rendent leurs visites d'aussi bonne heure… si toutefois c'est une visite?

LAMBERTI. Il me semble que la vôtre n'est guère moins matinale.

DAUBONNE, *à part.* Tâchons de les éloigner… (*Haut.*) Oh! moi, messieurs, c'est bien différent… et s'il m'était permis de m'expliquer…

ÉMILE. Que voulez-vous dire?

DAUBONNE. Eh bien!.. s'il faut en convenir, personne ne peut nous entendre…. je suis attendu.

ÉMILE. Vous, monsieur?

DAUBONNE. Moi-même… elle m'attend! mais je lui dirai que vous êtes là… comptez sur moi. (*A part.*) Je vais l'engager à ne pas les recevoir… (*Haut.*) Je cours la prévenir… enchanté de vous avoir rencontrés. (*A part.*) Quel contre-temps!

Il sort par le fond à gauche.

SCENE V.

ÉMILE, LAMBERTI.

LAMBERTI. Hein! qu'en dis-tu?

ÉMILE. Ce ton protecteur… cet air mystérieux… je n'y conçois rien.

LAMBERTI. Il est clair qu'il a un rendez-vous.

ÉMILE. Allons donc!.. c'est impossible.

LAMBERTI. Mon cher Émile, je n'ai qu'un conseil à te donner… va-t'en, retourne à Paris sans la voir.

ÉMILE. Ne pas la voir… au contraire… j'ai besoin qu'elle m'explique…

LAMBERTI. Comment! après ce que tu viens d'entendre…

ÉMILE. En conscience, je ne peux pas être jaloux de M. Daubonne.

LAMBERTI. Non, ça ne te suffit pas?…. eh bien! me feras-tu l'honneur de l'être de moi?

ÉMILE. De vous?

LAMBERTI, *lui montrant son billet.* Puisque tu m'y forces… tiens, regarde!

ÉMILE. Un billet de Mme de Juvigny…

LAMBERTI. Où elle me recommande de venir seul.

ÉMILE, *qui a parcouru le billet.* Comme vous disiez… c'est effrayant!… vous êtes donc lié avec elle?

LAMBERTI. Je ne l'ai jamais vue… mais elle me connaît sans doute.

ÉMILE. C'est indigne, et je suis prêt à vous suivre…. venez, mon ami, partons tout de suite.

LAMBERTI. Non, morbleu!., et maintenant que tu sais tout, et que nous avons les plans de l'ennemi, il faut livrer le combat… je tiens à lui faire voir qu'on ne se joue pas impunément d'un homme comme moi.

ÉMILE. Vous avez raison… montrons-lui qu'on ne se joue pas impunément d'un homme comme nous.

LAMBERTI. Je veux lui reprocher sa conduite, je veux la faire rougir.

ÉMILE. Oui, faisons-la rougir.

LAMBERTI. Ou plutôt m'amuser un instant de sa confusion.

ÉMILE. C'est ça… amusons-nous… justement je l'aperçois.

LAMBERTI. De quel côté?..

ÉMILE. Là-bas!.. près de la pièce d'eau.

LAMBERTI, *qui a regardé.* Ah! mon Dieu! est-il possible?

ÉMILE. Quoi donc?… qu'est-ce qu'il y a?

LAMBERTI, *à part.* C'est bien elle!…. (*Haut.*) Mon ami, je te laisse… il vaut mieux que tu commences l'attaque à toi seul.

Il veut sortir.

ÉMILE, *le retenant.* Mais non, votre présence est nécessaire pour la confondre.

LAMBERTI. Deux contre une… ça n'est pas généreux… je me sauve.

ÉMILE, *le retenant toujours.* Mais restez donc!.. la voici.

LAMBERTI, *à part.* Je suis tombé dans un guet-apens.

SCENE VI.

ÉMILE, Mme JUVIGNY, LAMBERTI.

Mme JUVIGNY. Bonjour, monsieur Émile, on vient de m'avertir à l'instant… N'est-ce pas M. Lamberti que j'ai l'honneur de saluer?

LAMBERTI, *à part.* Allons, ferme. (*Haut.*) Oui, madame… oui, c'est moi, qui suis Lamberti.

ÉMILE. Vous devez être surprise, madame, de nous trouver ensemble?

Mme JUVIGNY. Non, monsieur, je m'y attendais.

ÉMILE. Vous en convenez?.. ainsi, vous nous trompiez, madame... et vous pensez que nous souffrirons en silence... (*Bas à Lamberti.*) Mais, parlez donc, mon ami... vous ne dites rien.

Mme JUVIGNY. Je suis persuadée que M. Lamberti sait mieux apprécier les motifs qui m'ont fait agir...

LAMBERTI. Il est vrai, madame, que sous un point de vue... et cependant d'un autre côté... j'ai peine à me rendre compte.... (*A part.*) Où diable me suis-je fourré?

ÉMILE. C'est comme moi, je n'y comprends rien ; car enfin ce billet... ce rendez-vous donné à tous deux...

Mme JUVIGNY. Et qui vous a dit, monsieur, que ce fût un rendez-vous? Après ce qui s'est passé hier, avez-vous cru que je vous recevrais seul chez moi? Vous ne l'espériez pas; j'ai bien voulu vous accorder l'entrevue que vous me demandiez... en me réservant d'y admettre des témoins; et j'ai songé naturellement à M. Lamberti... je n'avais pas le plaisir de le connaître.

Air de Teniers.

Mais je connaissais son mérite,
Voilà pourquoi je l'ai choisi...
Et vraiment je vous félicite
De posséder un tel ami ;
Tâchez de l'imiter sans cesse,
C'est un guide bien précieux...
Et pour la raison, la sagesse,
Vous ne pouviez pas trouver mieux.

LAMBERTI, *à part.* Elle a un aplomb qui me démonte.

Mme JUVIGNY. Quant au mystère dont j'ai fait usage, il est facile à expliquer... Si je vous avais priés de venir ensemble, vous ne seriez peut-être venus ni l'un ni l'autre, tandis qu'en piquant votre amour-propre j'étais sûre de vous attirer séparément. (*Riant.*) M. Lamberti a dû se croire en bonne fortune?

LAMBERTI, *à part.* Je suis parfaitement ridicule...

ÉMILE. Quoi, madame! c'était pour cela? Vous le voyez, Lamberti, nos soupçons n'avaient pas le sens commun... Et vous, madame... daignez me pardonner... j'ai besoin de m'assurer votre indulgence avant de vous adresser une demande à laquelle j'attache le bonheur de ma vie...

Mme JUVIGNY. Eh! mon Dieu! de quoi s'agit-il donc?

ÉMILE. De vous, madame!.. de votre main, à laquelle j'aspire...

Mme JUVIGNY. Vous voulez m'épouser?..

ÉMILE. Demandez à Lamberti... Hier encore je lui disais que mon seul désir..... Mais vous, madame serez-vous inflexible? aurez-vous la cruauté de me refuser?.....

Mme JUVIGNY. Non, monsieur.

LAMBERTI, *à part.* Morbleu! c'est trop fort!..

Mme JUVIGNY. Je ne refuse ni n'accepte... il peut exister certains empêchemens que nous ne prévoyons pas... et sans aller plus loin... M. Lamberti n'approuve peut-être pas cette union.

LAMBERTI. Vous vous trompez, madame... j'avais, il est vrai, signalé à mon jeune ami, les dangers d'une passion irréfléchie... mais alors, je n'avais pas le plaisir de vous connaître.

Air de Teniers.

J'ignorais qu'en vous l'art de plaire
S'unit à la simplicité,
Que surtout votre caractère
Brillât par la sincérité.
  (*A Émile.*)
Oui, mon cher, à ton âme éprise
Madame est un présent des cieux...
Et pour la candeur, la franchise,
Tu ne pouvais pas trouver mieux.

Mme JUVIGNY, *à part.* Je comprends.

ÉMILE, *bas à Lamberti.* N'est-ce pas, mon ami, qu'elle est charmante?

LAMBERTI, *de même.* Hum!.. chacun son goût; moi, je n'aimerais pas cette femme-là...

Mme JUVIGNY. Je remercie M. Lamberti de la bonne opinion qu'il a de moi.

LAMBERTI. Si mon opinion, madame, peut influer sur la vôtre, je ne puis trop vous engager à former de nouveaux liens... et puisque vous êtes veuve!.. puisque vous êtes libre... comblez les vœux de mon jeune ami... Je vous réponds de lui... non pas comme de moi-même... ce serait une faible caution... mais je le crois destiné à devenir un mari complet... Il est moral, sédentaire, et ne voyagera jamais qu'avec sa femme.

Mme JUVIGNY, *à part.* Il a le courage de plaisanter.

ÉMILE. Vous l'entendez, madame... tout le monde est d'accord... il ne manque plus que votre consentement!...

Mme JUVIGNY, *avec dépit.* Si je savais qu'il en fût ainsi...

LAMBERTI. Je vous promets du moins que les obstacles ne viendront pas de moi.

Mme JUVIGNY. Allons... puisque c'est l'avis de monsieur...

ÉMILE. Ah! madame! ah! mon ami!.. je suis au comble de la joie.

Il se jette aux genoux de Mme Juvigny.

SCENE VII.

Mme JUVIGNY, ÉMILE, Mme DELBOIS, LAMBERTI.

Mme DELBOIS. Que vois-je?..

ÉMILE, *se relevant*. Ma sœur...

Mme DELBOIS. Monsieur Lamberti!

Mme JUVIGNY. Viens donc, ma chère, tu n'es pas de trop...

LAMBERTI, *à part*. Le complot a des ramifications.

ÉMILE. Ah! ma sœur... si tu savais comme madame est aimable!

Mme DELBOIS. Je n'en ai jamais douté.

ÉMILE. Elle consent à m'épouser.

Mme JUVIGNY. Du moins on me le conseille!.. et M. Lamberti m'a presque persuadée...

ÉMILE. Oui, ma sœur, il a plaidé pour moi avec une chaleur... un entraînement... Mais il ne sera pas dit qu'un peintre aura été plus éloquent qu'un avocat... et puisqu'il a gagné ma cause auprès de madame... je me charge de la sienne auprès de toi.

Mme JUVIGNY. De la sienne?

LAMBERTI, *à part*. Dieu! que ce petit garçon-là est bavard!

ÉMILE. Oui, madame, Lamberti aime ma sœur depuis long-temps... voilà mon exorde... Ma sœur a pour lui plus d'inclination qu'elle ne pense... voilà mon second point... Dans ces cas-là, le mariage est de rigueur; voilà ma péroraison.

Mme DELBOIS. Ah! ma chère amie... c'est une scène préparée... tu m'as tendu un piége...

LAMBERTI. Je rends grâce à madame d'avoir conspiré pour mon bonheur.

Mme JUVIGNY, *à part*. Son bonheur!..

Mme DELBOIS, *bas à Me Juvigny*. Eh bien! comment te trouves-tu?

Mme JUVIGNY, *de même*. Hum! chacun son goût... moi, je n'aimerais pas cet homme-là.

ÉMILE. Ainsi, ma sœur... tu consens... n'est-ce pas?

Mme DELBOIS. Je devrais refuser...

ÉMILE. Elle accepte!

LAMBERTI. C'est charmant!.. nous ferons les deux noces ensemble.

Mme JUVIGNY. M. Lamberti ne voit donc aucun inconvénient?

LAMBERTI. Aucun... nous nous entendons si bien...

Mme JUVIGNY, *à part*. Oh! je me vengerai.

LAMBERTI, *à part*. Elle est piquée au vif...

SCENE VIII.

Mme JUVIGNY, ÉMILE, DAUBONNE, Mme DELBOIS, LAMBERTI.

DAUBONNE, *entrant*. Mesdames!.. je suis peut-être indiscret.

Mme DELBOIS. Au contraire, M. Daubonne... nous avons à vous faire part d'événemens qui vont bien vous surprendre.

DAUBONNE. Quoi donc, madame?

Mme DELBOIS. Des mariages...

LAMBERTI. Oui, nous nous marions, madame daigne m'accorder sa main...

DAUBONNE. Ah!...

ÉMILE. Et madame daigne accepter la mienne.

DAUBONNE. Ah! c'est impossible!.. n'est-ce pas, madame, que c'est impossible?

Mme JUVIGNY. Je ne vois guère à présent le moyen de m'en dédire.

DAUBONNE, *à part*. On m'enlève les veuves... il faut me retourner vers la petite cousine. (*Haut.*) Où est donc mademoiselle Isaure?

Mme DELBOIS. Tout-à-l'heure elle a pris son filet pour attraper des papillons dans le petit bois.

DAUBONNE, *à part*. J'irai la rejoindre...

Mme JUVIGNY. Ah! M. Lamberti, vous me le payerez.

TOUS.

AIR : *Ici nous accourons*. (L'Homœopathie.)

Ah! que d'événemens!
Quelle aventure singulière!
Il faut laisser au temps
Le soin de dénouer l'affaire.

Mme JUVIGNY, *à Émile*.

Et vous, monsieur, suivez-moi;
Avant tout ici je dois
Vous révéler des secrets
Qui changeront vos projets.

DAUBONNE, *à part*.

Je vais de ce pas
Trouver Isaure et la surprendre.

LAMBERTI, *à part.*

Ne les suivons pas,
Car, moi, l'on n'a rien à m'apprendre.

TOUS.

Ah ! que d'événemens , etc.

*Daubonne s'échappe par les bosquets à gauche ;
Émile et les dames sortent plus loin du même
côté.*

SCENE IX.

LAMBERTI, *seul.*

Ma femme !.. je suis chez ma femme !..
chez ma femme, qui n'a plus de mari et
qui a changé de nom... Madame s'est
donné un brevet de veuve !.. Il est vrai
que, de mon côté, j'ai pris patente de cé-
libataire, ainsi nous sommes quittes...
Elle s'est peut-être flattée que j'allais lui
demander pardon, et que la jalousie
me ramènerait à ses pieds... Moi jaloux !
un artiste !.. Cependant je lui rends jus-
tice, elle est beaucoup mieux qu'avant
mon départ !.. son esprit s'est formé...
elle a plus de grâces, plus d'acquis, et je
l'en félicite... ça prouve qu'elle est heureuse... qu'elle n'a point de regrets ! (*Se
promenant avec un peu d'agitation.*) Je serais
désolé qu'elle en eût... elle m'a cru mort...
elle m'a oublié, c'est dans l'ordre... et,
selon toute apparence, mon retour dérange un peu ses projets... Oh ! qu'elle se
rassure, je n'irai pas jouer le rôle d'un
mari incommode ! Elle ne cherche même
pas à me parler... elle sait que je suis
seul ici, et, puisqu'elle ne vient pas, c'est
qu'elle ne m'aime plus... Ma foi, tant
mieux... c'est tout ce que je désirais !...
Nous voilà séparés par consentement mu-
tuel... et maintenant je suis décidé à ne
plus la voir... à la délivrer de ma présence... Ah! mon Dieu ! j'entends mar-
cher !.. C'est elle peut-être !.. non c'est
Emile... Que le diable l'emporte !

SCENE X.

LAMBERTI, EMILE.

ÉMILE. Ah ! mon ami, je vous cherchais !

LAMBERTI. Te voilà déjà ?

ÉMILE. Vous me voyez bouleversé,
anéanti.

LAMBERTI. Est-ce que par hasard ton
aimable veuve..?

ÉMILE. Plût au ciel qu'elle fût veuve....
elle m'a tout raconté en pleurant... elle
n'est plus libre.

LAMBERTI. Ah ! elle a fini par t'avouer...?

ÉMILE. Oui, mon ami... elle est mariée...

LAMBERTI. Et c'est pour cela qu'elle
pleurait?

ÉMILE. Il y a bien de quoi... un homme
comme celui-là... un époux si peu digne
d'elle !

LAMBERTI. Comment ! si peu digne d'elle ?

ÉMILE. Jusqu'à présent elle en avait
fait mystère... à cause de son premier
mari.

LAMBERTI. Hein ? de son premier mari ?

ÉMILE. Un mauvais sujet qui l'avait
abandonnée et qui a péri loin d'elle en
voyageant.

LAMBERTI, *à part.* Ah ! mon Dieu !....
qu'est-ce que ça signifie ?

ÉMILE. Du moins elle le croyait... des
preuves qui avaient paru authentiques...
jugez de sa douleur, de son désespoir...
hier, une lettre lui apprend qu'il est reve-
nu.... qu'il existe encore...

LAMBERTI. Son mari ?

ÉMILE. Oui.... le premier... le mauvais
sujet.

LAMBERTI. Et l'autre ? ... le nouveau ?

ÉMILE. Parbleu ! à son air protecteur...
aux priviléges dont il jouit dans cette maison, ce ne peut être que M. Daubonne.

LAMBERTI. M. Daubonne ?

ÉMILE. C'est évident... un mariage secret.

LAMBERTI, *à part.* Mais, non ! je ne suis
pas dupe... c'est encore une ruse pour me
tourmenter, pour m'éloigner peut-être....
eh bien ! nous verrons...

ÉMILE. Dieu ! que je suis malheureux !

SCENE XI.

LAMBERTI, ISAURE, EMILE.

ISAURE. Ah ! pardon, messieurs. Je vous
croyais encore dans le petit bois, monsieur
Emile.

ÉMILE, *avec distraction.* Non, mademoiselle, je n'y étais pas.

ISAURE. Je m'en aperçois... J'y ai laissé
M. Daubonne avec mon filet... il court
après des papillons...

LAMBERTI, *à part.* Après des papillons!.. vieil hypocrite!

ISAURE, *à Emile.* Mais comme vous paraissez triste! vous serait-il arrivé quelque chose?

ÉMILE. Moi? non... je ne crois pas.

ISAURE. Mais si fait... cela se voit bien.

LAMBERTI, *qui a réfléchi.* Mon plan est arrêté!

ISAURE, *à Lamberti.* N'est-ce pas, monsieur, qu'il a du chagrin?

LAMBERTI. Oui, mademoiselle, il est triste... il est malheureux. La vie est semée d'écueils, de déceptions cruelles... mais Émile est jeune.... à son âge l'espérance, l'avenir, les illusions.... enfin il y a de la ressource... et si vous vous chargiez de le consoler.

ISAURE. Moi, monsieur?

LAMBERTI, *à part.* Il faut les marier.. (*Haut.*) Mon attachement pour lui me donne le droit de vous en faire l'aveu...... Emile vous aime.

ISAURE, *à part.* Il serait possible!

LAMBERTI. Il n'a jamais aimé que vous, et j'ai voulu me rendre son interprète..... c'est peut-être la dernière preuve d'amitié que je pourrai lui donner.

ÉMILE. La dernière preuve?

LAMBERTI. Ne m'interroge pas. Le sort qui me poursuit ne frappera qu'une victime.

ÉMILE. Ah! ça... mais qu'est-ce qui vous prend?

LAMBERTI. Des remords, des pensées sinistres.... Je suis coupable, Emile, bien coupable... tu sauras tout.... mais j'ai besoin de me recueillir, j'entre dans ce pavillon. Adieu, Emile, adieu, mes enfans.

AIR: *de la Haine d'une Femme.*

Couple heureux! que l'hymen s'empresse
D'allumer pour vous son flambeau.
Jurez de vous aimer sans cesse,
Et même au-delà du tombeau.
   (*A Emile.*)
Et toi, dont le sort m'inquiète,
Cher ami, lorsque tu mourras,
Que ce soit une affaire faite;
Car, si tu veux qu'on te regrette,
   Ne reviens pas! (*bis.*)
Ou tu seras dans l'embarras...
   Ne reviens pas! (*bis.*)
Pour ton repos, ne reviens pas!

Il entre vivement dans le pavillon.

SCENE XII.

EMILE, ISAURE.

ÉMILE. Qu'a-t-il donc? je ne le reconnaisplus.

ISAURE. Est-ce que monsieur votre ami a souvent de ces accès-là?

ÉMILE. Non, sans doute, et ce ne peut être qu'une plaisanterie.

ISAURE. Du reste, il est fort aimable et il donne surtout de très-bons conseils.

ÉMILE. C'est vrai!.. il vous a donné celui de me consoler.

ISAURE. Pour cela, il faudrait d'abord dire ce que vous avez.

ÉMILE. Oui! et c'est là le difficile.

ISAURE. Mais, enfin, pourquoi êtes-vous triste?

ÉMILE. Mon Dieu, c'est bien naturel.... Je ne sais pas si vous m'aimez?

ISAURE. C'est pour ça? Voyez pourtant comme on se fait du chagrin mal-à-propos.

AIR: *Trompez-moi* (dédié à Beauplan).

ÉMILE.

Qu'entends-je? ah! parlez sans détour:
Quoi! vous m'aimiez? est-ce d'amour?

ISAURE.

   Mais vraiment (*bis.*)
Vous êtes trop exigeant!

ÉMILE.

A l'espoir si flatteur
D'avoir touché votre cœur,
   Dites-moi, (*bis.*)
Puis-je donc ajouter foi?

ISAURE.

Oui, j'en dois convenir,
Car, je ne sais pas mentir,
Non, jamais, non, jamais ma voix ne trompera.

ÉMILE.

Quelle femme j'aurai là!

ENSEMBLE.

Aimons-nous, (*bis.*)
Plus de mystère entre nous;
Et bientôt l'hymen viendra,
Ça finit toujours par là.

DEUXIÈME COUPLET.

ISAURE.

Pourtant je songe à l'avenir,
Et si j'allais me repentir?

ÉMILE.

Quelle idée! ah! vraiment,
Moi, je suis moins prévoyant.

ISAURE.

Puis-je bien, à mon tour,
Me fier à votre amour?
   Jurez moi (*bis.*)
De me garder votre foi.

ÉMILE.

Je promets (*bis.*)
De vous chérir à jamais;
A vous seule et toujours mon cœur appartiendra.

ISAURE.

Quel bon mari j'aurai là!

ENSEMBLE.

Aimons-nous, (*bis.*)
Plus de mystère entre nous.
Oui, bientôt l'hymen viendra,
Ça finit toujours par là !

Émile baise la main d'Isaure.

SCENE XIII.

Les Mêmes, DAUBONNE, *poursuivant un papillon avec son filet.*

DAUBONNE. Je ne pourrai pas en attraper un seul.

ISAURE. Monsieur Daubonne...

DAUBONNE. Que vois-je ?... un tête-à-tête !

ÉMILE. Oui, monsieur Daubonne, et j'espère que cette fois vous ne serez pas hostile à mes projets.

DAUBONNE. Quels projets, monsieur ?

ÉMILE. Celui d'épouser mademoiselle ?

DAUBONNE. Est-ce que ça me regarde ?

ÉMILE. Je pense que Mme Juvigny ne m'accordera pas son agrément sans consulter son mari.

ISAURE. Son mari !..

DAUBONNE. Son mari !.. quel mari ?

ÉMILE. Mais, vous apparemment...

ISAURE. M. Daubonne... le mari de ma cousine...

DAUBONNE. Qu'est-ce que ça signifie ?

ÉMILE. Je vous répète... que je suis dans la confidence, et Mme Juvigny elle-même a bien voulu m'apprendre...

DAUBONNE. Qu'entends-je !... elle aurait la bonté de consentir... ah ! j'ai donc triomphé de sa résistance !...

SCENE XIV.

DAUBONNE, Mme JUVIGNY, Mme DELBOIS, ISAURE, ÉMILE.

Mme JUVIGNY. Oui, ma chère amie, le moment est venu où tu vas tout savoir.

DAUBONNE. Ah ! madame... est-il vrai que vous daignez récompenser...

Mme JUVIGNY. Que voulez-vous dire, monsieur Daubonne ?

DAUBONNE. Que je suis tenté de croire à mon bonheur, puisque M. Emile désire maintenant épouser mademoiselle...

Mme DELBOIS. Toi, mon frère !..

ÉMILE. Sans doute, et je priais mon-sieur, d'appuyer ma demande auprès de sa femme.

DAUBONNE. Vous l'entendez, madame... dois-je me parer d'un titre auguste et sacré ?..

Mme JUVIGNY. Je ne puis vous répondre qu'en présence de M. Lamberti... pourquoi donc n'est-il pas là ?

ISAURE. Tout-à-l'heure, il semblait affligé, il avait des remords... il nous a fait de la morale.

ÉMILE. Et il est entré dans ce pavillon... je cours le prévenir.

Il entre dans le pavillon.

Mme JUVIGNY, *à part.* Des remords.... de la morale... se repentirait-il sincèrement ?..

ÉMILE, *reparaissant.* Il n'y est plus !..

Mme JUVIGNY. Parti !

ÉMILE. J'ai trouvé seulement cette lettre sans adresse.

Mme DELBOIS, *la prenant.* Une lettre !... elle est pour moi, sans doute... (*Elle lit.*) « Adieu, toi que j'ai trop aimée... toi, la » seule femme qui ait jamais fait battre » mon cœur... » C'est bien pour moi.

Mme JUVIGNY. Continue...

Mme DELBOIS, *lisant.* « Je suis criminel, » je le sais... mais devais-tu te montrer » inexorable, ô ma Clémentine !.. »

TOUS. Clémentine !

Mme DELBOIS. C'est pour toi !

Mme JUVIGNY, *prenant la lettre.* Tu n'en finis pas.... (*Elle lit.*) « Dans quel abîme » tu nous a plongés tous deux, épouse im-» prudente !... »

TOUS. Son mari !..

Mme JUVIGNY, *continuant.* « Adieu, je » pars... je vais mettre entre nous l'im-» mensité des mers... » O ciel ! qu'ai-je fait ?..

ÉMILE. Ce pauvre Lamberti !..

Mme JUVIGNY. De grâce, mes amis, courez, courez, ramenez-le... dites-lui qu'il revienne, dites-lui surtout...

En ce moment Lamberti, en blouse, chapeau de paille, avec ses cartons, sa boîte à couleurs et un bâton à la main, paraît à la grille du fond.

SCENE XV.

Les Mêmes, LAMBERTI.

ÉMILE. Que vois-je ?

Mme JUVIGNY. C'est lui !

LAMBERTI, *avançant.* Oui, madame, c'est encore moi... avec le bâton du voyage :

je n'ai pas eu la force de m'expatrier sans vous dire un dernier adieu... Je suis pour jamais le ciel qui m'a vu naître... je vais chercher le trépas sur la rive étrangère.... O Italie! séjour des arts et des brigands... je vais revoir tes montagnes, tes vallées et ton Vésuve... ton beau Vésuve !

ÉMILE, *souriant, à part,* Il est superbe.

LAMBERTI. Je leur présenterai ma poitrine... aux brigands; je leur dirai : Hommes féroces, frappez, percez ce cœur tout plein de son image... ce cœur navré de remords... ce cœur... mais il n'est pas question de ça... je dois étouffer mes sanglots... Adieu, Clémentine, adieu !.. oubliez-moi près d'un autre objet... (*Il descend vers Daubonne, dont il prend la main, et l'unit à celle de M*me *Juvigny.*) Je donne mon consentement et ma bénédiction.

DAUBONNE, *soupirant et les larmes aux yeux.* Ah !

LAMBERTI, *à Daubonne.* Et vous, jeune homme... remplacez-moi près d'elle... et soyez heureux... si vous pouvez !

Mme Juvigny, qui a fait ce qu'elle a pu pour ne pas rire jusque là, éclate enfin; Mme Delbois, Émile et Isaure en font autant; Lamberti rit aussi à la dérobée, et Daubonne, qui pleurait, reste ébahi.

Mme JUVIGNY , *à Lamberti.* Comment, monsieur, vous riez... vous osez rire !..

LAMBERTI. Ma chère amie, tu as commencé... vous êtes tous témoins qu'elle a commencé.

ÉMILE. A la bonne heure , je vous reconnais... la gaîté vous est revenue, mais ce costume... ce parasol...

LAMBERTI. Chez le jardinier, mon cher, rappelle-toi...

ÉMILE. Ah ! oui... celui dont vous avez croqué...

LAMBERTI, *l'interrompant.* La grand'mère... oui, c'est ça.... un portrait de famille.

Mme JUVIGNY. Mais au moins, monsieur, convenez de vos torts.

LAMBERTI. Je conviendrai de tout ce que tu voudras... plus tard.

Mme DELBOIS. Et moi, monsieur, n'ai-je rien à vous pardonner ?

LAMBERTI. Que voulez-vous madame?.. j'ai cherché le bonheur auprès de vous... et vous voyez que je l'y trouve ..

Mme DELBOIS. L'excuse est originale,... mais je m'en contente.

Mme JUVIGNY. Tu es trop bonne... et si j'étais à ta place.

LAMBERTI. De grâce, mesdames, restons chacun à la nôtre.... pour vous donner l'exemple, je ne quitte plus ma femme.

ÉMILE. Moi, je ne quitte plus mademoiselle.

Mme DELBOIS. Moi, je reste veuve.

DAUBONNE. Et moi... (*A part.*) Personne ne peut m'entendre... je reste imbécile!..

CHOEUR FINAL.

AIR : *de l'Ambassadrice.*

Un retour si tendre
A dû nous surprendre ;
Pouvait-on s'attendre
A ce dénoûment?
Mais de ce mystère,
Par un sort prospère,
Ici, je l'espère,
Chacun est content.

FIN.